AF185755

bene!

Margot Käßmann

- GEDANKEN, DIE GUT TUN -

*Sei behütet
und
geborgen*

»*Du kannst nie tiefer fallen
als in Gottes Hand.*«

Arno Pötzsch

*I*mmer wieder schreiben mir Menschen von ihren Belastungen und Ängsten. Sie fragen: Was können wir tun, wenn alte Gewissheiten weggebrochen sind? Wo finden wir Orientierung, wenn wir jeden Tag mit schlechten Nachrichten und neuen Sorgen konfrontiert werden? Wie können wir uns stärken, wenn unsere Seele leidet?

Für viele hat sich im Laufe der Jahrhunderte der christliche Glaube als Lebenskraft erwiesen. Die alten Worte, Geschichten und Texte der Bibel haben sie getröstet und ermutigt. Als Seelsorgerin geht es mir darum, Zuversicht zu vermitteln, Hoffnung weiterzutragen. Menschen trösten, ihnen Mut machen und Anregungen geben, wie sich eine Krise durchstehen lässt, ist mir wichtig.

Deshalb habe ich gerne zugesagt, als ich gebeten wurde, dies auch mit diesem kleinen Buch zu tun, das nun vor Ihnen liegt.

Dass in der Krise gleichzeitig auch eine Chance liegt, scheint gar zu banal angesichts persönlicher Lebensdramen. Aber es liegt trotzdem Wahrheit in dem Satz. Viele Menschen besinnen sich dann auf das Wesentliche, nämlich auf die Frage nach dem Sinn, dem wirklich Wichtigen im Leben, das eben nicht käuflich ist. Oder auch auf die eigene begrenzte Lebenszeit.

Wie gut tut es in Krisenzeiten, wenn sich alte Freundinnen und Freunde melden, Familien enger zusammenrücken. Trotz mancher schlimmer Entwicklungen hat doch hierzulande insgesamt Mitmenschlichkeit die Oberhand behalten.

Wir werden vermutlich lange Zeit brauchen, um uns ganz von den Auswirkungen der Coronapandemie zu erholen. Der russische Angriffskrieg auf die Ukraine hat verheerende Folgen.

Und die Klimakatastrophe versetzt viele in Angst und Schrecken. Angesichts all dessen könnten wir verzweifeln. Ich kann die Sorge nachvollziehen, was aus dieser Welt werden wird. Aber mein Gottvertrauen ist größer als die Angst mit Blick auf die Zukunft.

Für mich gehören die Seligpreisungen Jesu zu den schönsten Texten der Bibel. Sie geben uns eine Vision, wie wir ganz anders leben könnten: *Selig sind, die da Leid tragen; denn sie sollen getröstet werden. Selig sind die Sanftmütigen; denn sie werden das Erdreich besitzen. Selig sind, die da hungert und dürstet nach der Gerechtigkeit; denn sie sollen satt werden. Selig sind die Barmherzigen; denn sie werden Barmherzigkeit erlangen. Selig sind, die reinen Herzens sind; denn sie werden Gott schauen. Selig sind, die Frieden stiften; denn sie werden Gottes Kinder heißen. (Matthäus 5, 4–9)*

Wo auch immer wir gerade stehen, wie es uns geht: Es ist eine Frage der Perspektive, wie wir die eigene Lage beurteilen. Wenn wir unseren Blick dankbar auf die guten Dinge und all das Helle in unserem Leben konzentrieren, dann gibt es, trotz aller Krisen und mancher dunkler Momente, schöne Aussichten. Es geht darum, das Leben auch dann anzunehmen, wenn es nicht perfekt ist. In allen schweren Phasen die guten nicht zu vergessen, dankbar zu sein für das, was wir erleben dürfen – für mich ist das auch eine Glaubensfrage. Wer das Leben aus Gottes Hand nimmt, kann mit Schwäche umgehen, fühlt sich ermutigt und gestärkt.

»Du kannst nie tiefer fallen als in Gottes Hand.« So hat es der Dichter Arno Pötzsch 1941, mitten im Zweiten Weltkrieg, getextet. Ein Satz, der mich seit vielen Jahren begleitet, weil er mein eigenes Empfinden auf wunderbare Weise widerspiegelt. Diese Erfahrung des Getragen-Seins wünsche ich auch Ihnen! Viel Glück und viel Segen!

Ihre Margot Käßmann

*M*anchmal habe auch
ich Sorge, was aus dieser Welt
werden wird.
Eine Krise jagt die andere.
Aber mein Gottvertrauen ist größer
als die Angst mit Blick auf
die Zukunft.

*

*W*ir können lernen,
mit unseren Befürchtungen
und Ängsten besonnen umzugehen.
Wenn wir inneren Frieden finden,
gewinnen wir auch Zuversicht,
davon bin ich überzeugt.
Langsam durchatmen und
sortieren ist angesagt.
Denn die Welt braucht
Hoffnung und Zuversicht!

*

*M*ir ist wichtig,
mich nicht von Medienberichten
und den vielen anderen Stimmen,
die uns zuraunen, was es alles zu
befürchten gibt, lähmen zu lassen.
An meinem Ort, wo ich es kann,
Verantwortung übernehmen,
darum geht es.

*

Angesichts vieler Krisen überall auf der Welt macht es mir Mut, in der Bibel zu lesen und zu wissen, dass ich meine Sorgen und die Nöte anderer im Gebet vor Gott bringen kann. Das haben schon viele Generationen vor uns als Entlastung erlebt. Ein Vers aus dem 2. Timotheusbrief (1,7) ist für mich eine Art Anker geworden: *»Gott hat uns nicht gegeben den Geist der Furcht, sondern der Kraft und der Liebe und der Besonnenheit.«* Wenn wir das beherzigen, gewinnen wir inneren Frieden, davon bin ich zutiefst überzeugt. Und wir dürfen nach vorn schauen auf das, was nach der Zeit der Krise kommt.

*B*iblische Geschichten zeigen:
Es gibt im Leben schwere Tage,
ja Wüstenzeiten.
Aber gerade dann schenkt Gott
dir auch Kraft, sie durchzustehen.
Für mich ist das ermutigend.

*

*B*esonnenheit scheint mir der passende Begriff für eine angemessene Haltung zwischen Sorglosigkeit und Panik.
Denn wir dürfen die Augen nicht vor den Gefahren verschließen.
Es gilt, Rücksicht zu nehmen und vor allem die Alten und Schwachen zu schützen. Auch in angespannten oder emotionalen Situationen nicht unüberlegt oder allzu schnell zu handeln, sondern angemessen und in Ruhe zu reagieren – das ist Besonnenheit.

Es gilt, sich nicht von Gefühlen
mitreißen zu lassen, sondern
erst zu denken, dann zu handeln.
Eine Balance zwischen Panik
auf der einen und Sorglosigkeit
auf der anderen Seite sollte gelingen.
Panik ist nicht angesagt,
denn sie führt zu
Kurzschlussreaktionen.

*

Sich von Gott getragen zu wissen,
stärkt uns, damit wir nicht
den Halt verlieren.

*

»Gott wird abwischen alle Tränen ...«

Offenbarung 21,4

In diesem Vers liegt eine Zuversicht,
die weit über unser Leben hinausgeht.
Ein Hoffnungsbild, dem ich mich
anvertraue, wie es schon Generationen
vor mir getan haben.

*

*W*as uns bedrückt,
soll uns nicht zurückhalten –
das Leben ist viel größer
als die Ängste unseres Alltags.
Und die Liebe ist es auch.
Das ist Trost und Ermutigung.

*

*I*n der Bibel lesen
wir immer wieder:
Fürchte dich nicht!
Dieser Zuruf ist geradezu
eine Visitenkarte der Engel.

*

*I*n Psalm 139 heißt es: *»Von allen Seiten umgibst du mich und hältst deine Hand über mir. (…) Nähme ich Flügel der Morgenröte und bliebe am äußersten Meer, so würde auch dort deine Hand mich führen und deine Rechte mich halten.«* Das drückt eine Geborgenheit aus, in die ich mich fallen lassen kann.

(Psalm 139, 5; 9, 10)

*

*W*ie schön zu wissen,
dass es jemanden gibt,
der es gut mit uns meint.
Wenn wir Gottes Geschöpfe
sind und uns Leben in
Fülle zugesagt wird,
dann segnet Gott unser Leben
mit allen Höhen und Tiefen.

*I*ch bin dankbar, dass ich
beten kann. So trage
ich meine Sorgen vor Gott.
Das Gebet ist ein Gesprächs-
faden, ein Sich-Anvertrauen,
ein vertrautes Miteinander,
das sich bei mir mit den
Lebensjahren vertieft hat. Ich
bete für Menschen, die ich
liebe. Und auch für andere
Menschen in Nähe und Ferne,
besonders für diejenigen, die
ich in Angst und Not weiß.

Zutiefst bin ich davon überzeugt, dass Gebete die Welt zum Guten hin prägen können. Und Beten verändert uns auch selbst. Wir finden Worte für unsere Anliegen, bringen vor Gott, was uns bedrängt. Wir treten ein wenig zurück von unserem Kreisen um uns selbst, vertrauen uns mit all unseren Gefühlen einem Gegenüber an, das es gut mit uns meint. Das nimmt uns das Gefühl der Hilflosigkeit.

*

Wenn wir unseren Blick dankbar auf all das Helle in unserem Leben konzentrieren, dann gibt es, trotz mancher dunkler Momente, schöne Perspektiven.
Es geht doch darum, das Leben auch dann anzunehmen, wenn es nicht perfekt ist. In allen schweren Phasen die guten nicht zu vergessen, dankbar zu sein für das, was wir erleben dürfen.

*

*D*ie ständige Suche
nach dem perfekten Leben,
dem absoluten Glück kann vollkommen
am Leben vorbeiführen.
Das Leben ist fragil, oft fragmentarisch.
Wenn wir das annehmen,
können wir mit eigenen Schwächen,
mit Scheitern und Mängeln
besser umgehen.
Und die guten Tage
dankbar genießen.

*

Ein Freund sagte
mir einmal:
»Wenn ich gewusst hätte,
dass ich noch einmal so
glücklich werden könnte
wie heute, wäre ich
damals nicht so
unglücklich gewesen.«
Das ist Lebensweisheit.

Wenn uns Krisen zu neuer
Dankbarkeit für den Alltag führen,
den wir hierzulande leben dürfen,
haben sie doch einen Sinn.
Der Begriff Krise ist abgeleitet
vom griechischen Verb *krinein*,
das bedeutet unterscheiden.
In Krisenzeiten lernen wir zu
unterscheiden, was wirklich wichtig
ist im Leben. Und in der Regel
sind das die Dinge, die wir nicht
kaufen können:
Glück, Vertrauen,
Liebe, Beziehung.

*

Zufriedenheit entsteht,
wenn wir weder ständig mit
Vergangenem hadern noch
uns ständig um das Morgen sorgen.
Jetzt, hier und heute
ist das Leben gut.
Das wahrzunehmen,
ist Glück auf Dauer gestellt.

*

*W*ann immer ich Vertrauen
und Liebe wage, macht mich
das verletzbar.
Aber ein Leben ohne Vertrauen
und ohne Liebe wäre doch
nicht lebenswert.

*

$\mathcal{M}$it Blick auf
Jesus kann sich der Blick
auf unser eigenes Leben spiegeln.
Wir müssen keine Gewinnertypen sein.
Wir müssen uns nicht ständig
selbst optimieren. Das zu wissen,
kann entlasten.

*

Der Apostel Paulus schreibt
an die Gemeinde in Korinth:
»Strebt nach der Liebe!«
Die Liebe ist und bleibt der
entscheidende Faktor. Sie ist eine
große starke Kraft. Sich auf die Liebe
anderer zu verlassen und selbst Liebe
weiterzugeben, bringt einen
Menschen zu Lebensglück.

*

»Gott ist Liebe.
Und wer in der Liebe bleibt,
bleibt in Gott und Gott in ihm«,
heißt es in der Bibel.

(1 Joh 4,16)

Martin Luther
hat einmal gesagt,
Gott sei ein
»Backofen voller Liebe«.
Das ist ein wunderbares Bild.

*I*ch möchte meinen Enkelkindern
etwas mitgeben von den biblischen
Geschichten, von unseren Erzählungen
und Narrativen, die Generationen geprägt
haben. Woran schon meine Großmutter
Orientierung in schwerer Zeit fand,
das wird auch für sie Leitfaden sein
können, wenn Gewissheiten bröckeln.

*

Alles hat seine Zeit.
Wer das ernst nimmt,
muss nicht ständig mit Vergangenem
hadern. Je älter ich werde,
desto freier fühle ich mich – von der
Meinung anderer, von Konventionen.
Die Alten können den Jungen eine
gute Portion Gelassenheit vermitteln!

*

*M*ir ist in den biblischen
Geschichten wichtig,
dass die Menschen auch dort
nicht perfekt sind.
Auch mit unseren dunklen Seiten,
mit unserem Scheitern können
wir vor Gott treten,
uns Gott anvertrauen.

*

Nur wer in Frieden
Abschied von Vergangenem
genommen hat,
kann auch mit Zuversicht
nach vorn schauen.

*

*E*in Abschied braucht
Rituale als Geländer,
an denen wir uns festhalten können,
wenn die Welt um uns herum
zusammenzubrechen scheint.
Die guten alten christlichen Lieder
und Psalmen, die Beerdigungsrituale,
sie geben Halt.

*

Glaube klammert Leid und Tod,
Trauer und Versagen nicht aus.
Jesus hat gelitten,
er hat Verrat und Tod erlebt.
Deshalb kann ich mich im Gebet
an ihn wenden, wenn ich selbst in
schweren Lebenssituationen bin.

*

*E*in Vaterunser zu beten hilft,
die Fassung wiederzugewinnen,
wenn ich nicht ein noch aus weiß.
Sich von Gott getragen zu wissen
stärkt uns, damit wir nicht den Halt
verlieren. Und die biblischen
Geschichten zeigen: Gott schenkt
dir Kraft, schwere Zeiten durchzustehen.
Für mich ist das echter Trost.

*

*E*s braucht die Erfahrung,
dass Leid zum Leben gehört,
es immer wieder einbricht in die
vermeintlich heile Alltagswelt.
Dass der Glaube durch solche Tiefen
trägt, ist auch ein Wissen,
das erst Erfahrung mit sich bringt.

*

*F*rühling gibt uns immer
wieder eine Ahnung,
was Auferstehung sein kann:
Aus scheinbar totem Holz
sprießt neues Leben.
Jedes Jahr fasziniert mich
dieses Naturschauspiel aufs Neue.

*

Wenn schon unsere menschliche Liebe Verstorbene in gewisser Weise präsent sein lässt, wenn wir an sie denken, warum sollte nicht bei Gott noch viel mehr möglich sein? Manche belächeln mich für diesen Glauben. Ich weiß mich davon getragen. Und ich fühle mich durch diesen Glauben zugehörig zur Gemeinschaft der Christinnen und Christen in diesem Land und in aller Welt.

*

*H*offnung ist eine tiefe
innere Kraft. Sie speist sich
aus den Erzählungen derer,
die vor uns waren.
Sie wurzelt in der Liebe
zu anderen. Und sie findet ihre
Quelle im Glauben an Gott.

*

Die Liebe bleibt.

Es ist die Liebe,
die stärkere Kraft hat
als der Tod!
Wenn wir einen
Verstorbenen erinnern,
den wir geliebt haben,
ist er ja präsent,
nicht wirklich tot.

Wenn das Leben auf
dieser Welt einen Punkt setzt,
steht für Gott da ein Doppelpunkt.
Der Tod ist nicht das Ende,
hat nicht das letzte Wort!
Wie das Leben nach dem Tod
sein wird, weiß niemand.
Aber hell wird es sein und leicht –
das erzählen auch Menschen
mit Nahtoderfahrung.
Und glauben, dass Leben größer
ist als Tod, das darf ich.

*

$\mathcal{D}$ie alten biblischen Worte zeigen,
dass wir nicht die Ersten sind,
die mit Angst und Ungewissheit umgehen
müssen. Wunderbare Gebete bringen
Zusammenhalt. Lieder, etwa die von
Paul Gerhardt, lassen uns spüren:
Das Leben ist viel größer, die Liebe auch.
Das ist Trost und Ermutigung.

*

*E*ines meiner liebsten Trostlieder
stammt von Paul Gerhardt:

*»Befiehl du deine Wege
und was dein Herze kränkt
Der allertreusten Pflege des,
der den Himmel lenkt.
Der Wolken Luft und Winden
gibt Wege, Lauf und Bahn,
der wird auch Wege finden,
da dein Fuß gehen kann.«*

Am Ende der Sintflutgeschichte
in der Bibel steht der Regenbogen:
Gott will nicht Untergang,
sondern Leben! Gott schließt einen Bund
mit uns Menschen, Gott wird nie wieder
vernichten, was geschaffen ist.
Die Frage ist, ob wir Menschen unseren
Anteil am Bund wahr machen.
Für die Schöpfung eintreten, damit
auch zukünftige Generationen auf
dieser Erde leben können.

*

*U*nser Glaube macht uns auch Mut,
weil er Leid, Schwäche,
Sterben und Tod nicht ausklammert.
Jesus von Nazareth kommt nicht als
strahlender Held daher. Sondern wir
lernen von ihm das Gottvertrauen, auch
in schweren Zeiten.

*

*J*esus sagt in der Bergpredigt:
»Selig sind, die da Leid tragen,
denn sie sollen getröstet werden.«

(Mt. 5, 4)

Das ist kein vorschneller Trost, sondern
Ausdruck einer begründeten Hoffnung:
Trost ist da. Es gibt eine ausgestreckte
Hand Gottes zu dir. Du bist nicht allein in
deinem Leid.

*

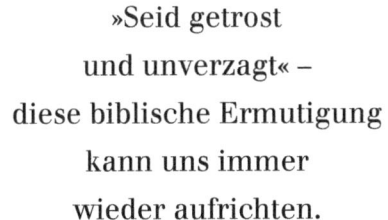

»Seid getrost
und unverzagt« –
diese biblische Ermutigung
kann uns immer
wieder aufrichten.

*

Auch wenn es nicht gut läuft,
du nicht mehr weiterweißt,
andere dich bedrängen oder angreifen,
bist du doch getragen
vom Segen Gottes wie von
einer Schutzhülle.

*

Trost ist ein wunderbares Wort,
finde ich. Es hat ursprünglich etwas
mit Treue zu tun. Wer andere tröstet,
gibt ihnen Halt, Ermutigung mitten
im Leid. Das kann eine gehaltene
Hand sein mitten im Schweigen,
in Zeiten, in denen uns die Worte fehlen.
Trost kann aber auch die Frage sein:
Was tut dir jetzt gut? Mit dir trauern –
oder ein gemeinsamer Spaziergang
oder ein Gespräch.
Sag es, in aller Freiheit.

*

Ostern ist die Erfahrung,
dass aus der Angst von Karfreitag
und der Verzagtheit von Karsamstag
die Freude wachsen kann,
dass es einen Weg nach vorn gibt.
Wir bleiben nicht stecken in der Angst!

*

*E*iner der
schönsten Hoffnungstexte
der Bibel steht in der
Offenbarung des Johannes.
Er beschreibt seine Vorstellung,
wie es einst sein wird.
Gott wird bei uns wohnen,
alles Leid hat ein Ende:

»Siehe da, die Hütte Gottes
bei den Menschen!
Und er wird bei ihnen wohnen,
und sie werden seine Völker sein,
und er selbst, Gott mit ihnen,
wird ihr Gott sein.«

(Offb. 21, 3 ff.)

*D*ass wir mit Gott
zusammenwohnen werden –
ein faszinierender Gedanke.
Dann könnten wir Gott
endlich all die Fragen stellen,
die uns umtreiben. Zuallererst:
Wie konntest du all das Leid zulassen?

*

*W*er in unserem Leben
die Engel sind, das ist eine
wiederkehrende Frage. Aber wenn wir
zurückblicken, dann hat es doch so
manchen Engel gegeben.
Nein, »es müssen nicht Männer mit
Flügeln sein«, wie Rudolf Otto Wiemer
so wunderbar formuliert hat.
Es kann ein ermutigendes Wort
zur rechten Zeit sein.

Es kann ein guter Abend mit
Freunden sein, ein Windhauch am Meer,
ein herzliches Lachen, ein Arm,
der dir um die Schulter gelegt wird,
eine tröstende Umarmung –
und dann geht das Leben doch weiter,
die Schwere fällt wieder ab,
du bekommst neuen Mut.

»Denn er hat seinen Engeln befohlen,
dass sie dich behüten auf allen deinen
Wegen, dass sie dich auf den Händen
tragen und du deinen Fuß nicht
an einen Stein stoßest.«

(Psalm 91,11 und 12)

*

*M*anchmal finden wir
für uns keinen Trost.
Aber dann kann Gott uns beistehen,
wie vielen Menschen vor und nach uns.
Beim Propheten Jesaja heißt es
über Gott: »Ich will euch trösten,
wie einen seine Mutter tröstet.«

(Jes. 66,13)

Gott tröstet mich wie
eine Mutter ihr Kind.
Was für eine wunderbare Zusage!

*

Als Christen sind wir
Teil einer jahrhundertealten
Gemeinschaft, die überzeugt ist,
dass am Ende die Liebe zählt.

*

Andere gehen mit dir,
du musst nicht alles
allein bewältigen.

*

Mein Glaube macht mir Mut,
weil er Visionen kennt von
einem anderen Leben, von einer
Kontrastgesellschaft. Da werden
nicht die Durchsetzungsfähigen
und Erfolgreichen seliggesprochen,
sondern die Barmherzigen,
die reinen Herzens sind, die mit
einer Sehnsucht nach Gerechtigkeit
und alle, die Frieden stiften.

*

»Gott wird abwischen alle Tränen
von ihren Augen, und der Tod wird
nicht mehr sein, noch Leid noch
Geschrei noch Schmerz wird mehr sein.«

(Offb. 21,4)

Das ist eine Zuversicht, die weit über unser Leben hinausgeht. Für mich ist es keine Vertröstung und kein billiger Trost, sondern ein Hoffnungsbild, dem ich mich anvertraue, wie es schon Generationen von Christinnen und Christen vor mir getan haben.

*

Wenn wir alles als Kreislauf
von Nehmen und Geben sehen,
können wir lernen, damit umzugehen
und Schwäche nicht als peinlich
oder gar als Kränkung unseres
Selbstbewusstseins zu verstehen.

*

Es ist ein heilsames Gottesbild,
sich Gott anvertrauen zu können
mit eigener Angst, Unsicherheit
und Schuld – und dabei auf Vergebung
hoffen zu dürfen.

*

Wir dürfen uns
von Gott
geliebt wissen,
auch wenn wir
Fehler machen.

*

Vielleicht können wir uns
manchmal selbst am schwersten
vergeben. Auch da geht es im Rückblick
auf unser Leben ja um Freiheit.
Warum habe ich das getan?
Wie konnte ich mich nur so verhalten?
Hätte ich es nicht ahnen müssen,
dass das nicht gut geht?
Solche Fragen werden oft genannt,
wenn ich mit Menschen über deren
Erfahrungen spreche.
Doch solches Hadern hilft nicht weiter.

*

*D*a ich mein Leben lang Tagebuch geschrieben habe, lese ich manchmal nach, was ich vor dreißig oder vierzig Jahren gefühlt habe. Und dann wird mir klar: Ich kann das heute gar nicht mehr verstehen! Wie konnte ich das gut finden?
Warum habe ich mich so verhalten?
Ich finde, da hilft nur ein Lächeln.
So war das damals, und so war ich.
Und es ist ja gut, dass wir uns als Menschen verändern können. Als junge Frau konnte ich die Konsequenzen mancher Entscheidungen nicht überblicken. Aber ich stehe heute dazu, dass mein Leben eben genau so war, mit allen Höhen und Tiefen.

Vergeben können bedeutet
Freiheit. Ja, mir ist bewusst,
das lässt sich nicht erzwingen.
Niemand kann und soll unter Druck
vergeben. Aber das ist meine Erfahrung:
Wer vergeben kann, gewinnt Kraft,
nach dem Erlittenen weiterzuleben.
Beim Altwerden ist es eine Freiheit,
dir selbst und anderen vergeben zu
können, wenn es an Abzweigungen
falsche Entscheidungen und
Verletzungen gegeben hat.

*

Wer vergibt, löst sich
aus der Macht des Täters
oder der Täterin,
verharrt nicht in
der Opferrolle.

*

Gottes Gnade ist
ein Geschenk,
das völlig unabhängig ist
von unseren Leistungen
im Leben.

*

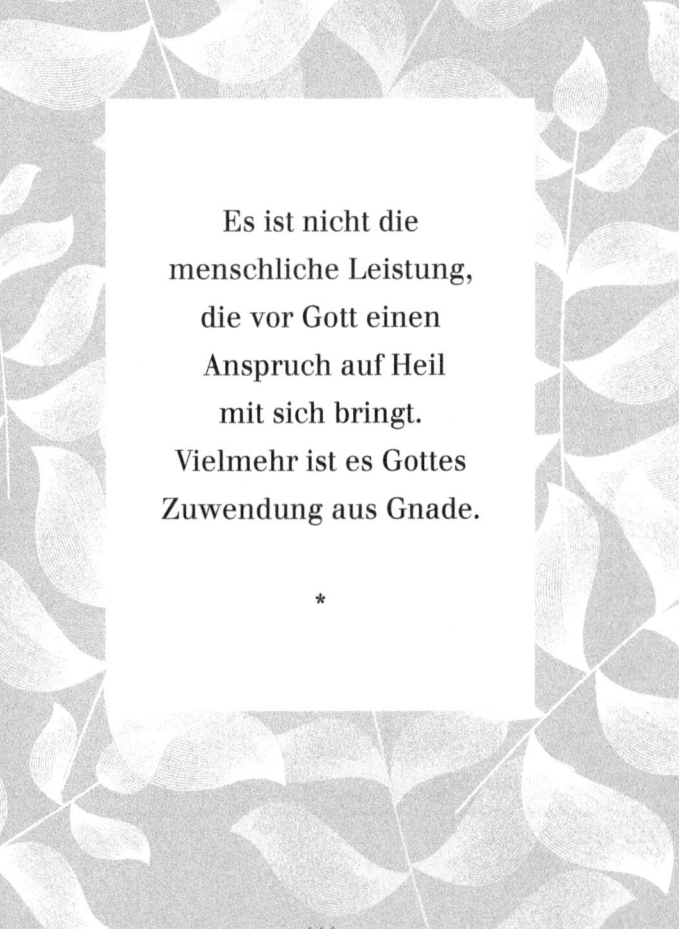

Es ist nicht die
menschliche Leistung,
die vor Gott einen
Anspruch auf Heil
mit sich bringt.
Vielmehr ist es Gottes
Zuwendung aus Gnade.

*

»Ich bin gekommen, damit sie
das Leben haben und volle Genüge«,
sagt Jesus im Johannesevangelium
(10,10). Damit ist eben nicht nur
das Leben in Gottes zukünftiger
Welt gemeint, sondern schon das
Leben in dieser Welt. Es geht nicht
um die Hoffnung auf Wohlstand,
Reichtum, Ruhm, sondern um ein
Leben in voller Genüge – mit allem,
was es braucht, damit es genug ist.

Mir gefällt dieses Wort gut.
Denn »genügsam« sein bedeutet
ja nicht, unter schlechten
Bedingungen und weltabgewandt
zu leben, sondern sich an dem
zu freuen, was möglich ist.

*V*olle Genüge ist auch
eine Hoffnung für die Welt:
Mögen alle Menschen Nahrung
und Obdach haben,
Zugang zu Bildung und
Gesundheitsversorgung.
Genug zum Leben.
Wer darum weiß, wie gut es um
ihn steht, lebt dankbar.

*

Gottes Zusage steht: »Ich will euch tragen, bis ihr grau werdet ...«

(Jes 46,4).

Auch das ist ja ein Teil der Lebenserfahrung. Gott begleitet dein Leben durch die Höhen und die Tiefen. Der Glaube wird ruhiger, auch wenn der Zweifel nie völlig verstummt.

Mir scheint es wie eine lange,
tiefe Beziehung zwischen Partnern
oder Freundinnen oder Verwandten:
Man weiß, man kann sich aufeinander
verlassen, weil sich das ein Leben
lang bewährt hat.

Es tut gut, zu feiern – das Leben,
das war, das Leben, das ist,
und auch das Leben, das noch
kommen mag!
»L'Chaim!« – Auf das Leben!,
wie es in einem jüdischen
Trinkspruch heißt.

*

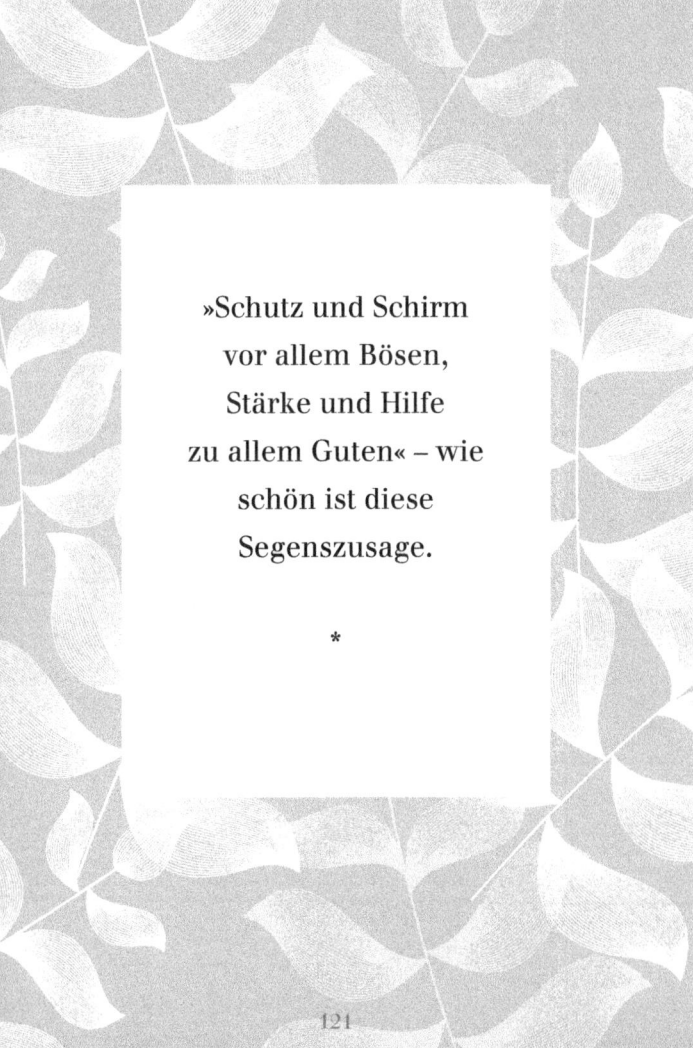

»Schutz und Schirm
vor allem Bösen,
Stärke und Hilfe
zu allem Guten« – wie
schön ist diese
Segenszusage.

*

*G*ott segne dich
Gott segne dich und behüte dich;
Gott lasse das Angesicht leuchten
über dir und sei dir gnädig;
Gott hebe das Angesicht auf dich
und gebe dir Frieden.

4. Mose, 6,24

*

*I*ch wünsche Ihnen Besonnenheit,
viel Kraft in dieser Zeit und
die Gewissheit, dass Sie sich von
der Liebe Gottes und der Liebe
anderer Menschen getragen fühlen
dürfen, was immer geschieht.

Margot Käßmann

Foto: © Julia Baumgart Photography

Margot Käßmann, Jahrgang 1958, ist eine der bekanntesten kirchlichen Persönlichkeiten Deutschlands. In und nach ihrer Zeit als Ratsvorsitzende der Evangelischen Kirche in Deutschland gewann sie mit ihrer offenen und geradlinigen Art die Wertschätzung und Sympathien vieler Menschen. Sie ist Mutter von vier erwachsenen Töchtern und Großmutter von sieben Enkelkindern.
www.margotkaessmann.de

Besuchen Sie uns im Internet:
www.bene-verlag.de

Originalausgabe August 2023
© 2023 bene! Verlag
Ein Imprint der Verlagsgruppe
Droemer Knaur GmbH & Co. KG
Maria-Luiko-Straße 54, 80636 München

Konzeption und Lektorat: Stefan Wiesner
Covergestaltung: Romy Pohl
Coverabbildungen: vso/Shutterstock.com
Bildnachweis: stock.adobe.com; S. 18 Chalabala, S. 30 haiderose, S. 34 Henk
Vrieselaar, S. 46 patpitchaya, S. 48 exclusive-design, S. 52 alexugalek, S. 62 Li-Bro,
S. 72 sborisov, S. 80 New Africa, S. 90 ochrasy96, S. 104 Ursula Klepper, S. 115
Caitie, S. 118 eduard, S. 124 Marius Faust
Druck und Bindung: CPI books GmbH, Leck
ISBN 978-3-96340-267-8

Kontaktadresse nach
EU-Produktsicherheitsverordnung:
produktsicherheit@droemer-knaur.de

5   4   3   2